Rebeldes

A Novice-high Reader
for Beginning Spanish Students

Mira Canion

Artwork by William Harris

TPRS Publishing, Inc., P.O. Box 11624, Chandler, AZ 85248
info@tprstorytelling.com • www.tprstorytelling.com
ISBN: 978-1-934958-56-8

Prólogo

The events that led to Texas' independence are still controversial. We hope that the reader will come to see the Texan rebellion through the eyes of various historical characters. Although great care was taken to accurately portray historical events and characters, for simplicity's sake, some characters and events were omitted. The only fictitious elements are the dialogues, Seguín's note to Almonte and his trip to Goliad. In using the spelling of Tejas, a clear distinction is being made between historical Tejas and modern day Texas.

Índice

Rebeldes de Tejas

Capítulo 1
Piratas

15 de diciembre de 1835
Ciudad de México

Era muy tarde. Un silencio entró en el Palacio Nacional mexicano. Juan Almonte estaba en el palacio. Almonte era una persona muy importante entre los militares mexicanos. No era general. Era coronel. También era el asistente del presidente mexicano.

El Coronel Almonte estaba nervioso porque necesitaba hablar urgentemente con el presidente. Tenía información importante para el presidente: un grupo de norteamericanos había invadido[1] San Antonio y había tomado[2] posesión de El Álamo. San Antonio estaba en Tejas, un territorio mexicano. El Álamo era una misión española. Durante muchos años los mexicanos habían usado El Álamo como base militar.

Almonte caminaba nerviosamente en el palacio. Caminaba con dificultad. No quería hablar con el presidente porque no quería ver personalmente su reacción. Normalmente, el presidente reaccionaba violentamente.

El presidente se llamaba Antonio López de Santa Anna y era un dictador corrupto. Era una persona irracional y muy cruel. No era un buen presidente pero era popular entre los mexicanos. Tenía mucha experiencia militar. Era valiente y defendió excepcionalmente varias veces el territorio mexicano.

---

[1]había invadido - s/he had invaded
[2]había tomado - s/he had taken

Al Coronel Almonte no le gustaban las decisiones de Santa Anna. Almonte era muy inteligente y serio. También era buen soldado porque era respetuoso y obediente.

Por fin, él estaba frente a la puerta. Miró la puerta del presidente durante muchos segundos. Los segundos eran una eternidad para Almonte. No quería estar en el palacio y mucho menos, frente al presidente.

Almonte levantó la mano y tocó suavemente a la puerta. Tocó tres veces, pero el presidente, Santa Anna, no reaccionó para nada. Almonte estaba muy nervioso. Otra vez tocó a la puerta y le gritó:

– ¡Presidente! ¡Presidente!

– ¿Qué…qué…qué pasa? –respondió Santa Anna.

Almonte estaba muy nervioso. No quería hablar mucho con Santa Anna. Sólo quería informar a Santa Anna de la situación de Tejas. Entró en el cuarto y le dijo:

– Hay una rebelión en Tejas. Los rebeldes norteamericanos entraron en San Antonio, el pueblo más importante en

Tejas.

– ¡Yo sé que San Antonio es el pueblo más importante! ¿Qué pasó? –exclamó Santa Anna.

– Los rebeldes tomaron posesión de la base militar: El Álamo.

– ¿Tomaron El Álamo? ¡Ellos son piratas!

– ¿Piratas? Es un poco extremo –respondió Almonte.

Otra vez Santa Anna quería explotar. Estaba furioso. Santa Anna gritó:

– ¡Los norteamericanos no respetan el territorio mexicano! Tejas es un estado de México. Ellos quieren simplemente el territorio. Son ilegales. Y yo voy a eliminar a todos los norteamericanos. A todos.

– Su Excelencia, no todos los rebeldes son ilegales. Y no todos son norteamericanos. También un grupo de mexicanos participa en la rebelión –dijo Almonte.

– ¡Ellos son traidores! Si ellos son realmente mexicanos, ¿por qué ayudan a los norteamericanos? –exclamó Santa Anna.

Era una conversación intensa. Almonte estaba nervioso, porque Santa Anna reaccionó violentamente. Pero no le gustaba la opinión de Santa Anna. Almonte dijo:

– Ellos defienden sus ideas políticas.

– ¡No me importan sus ideas! ¿Es Juan Seguín uno de los rebeldes?

– Sí. Pero Seguín no quiere causar problemas… –respondió Almonte.

– ¡Seguín es un traidor! Él va a sufrir las consecuencias porque ayuda a los piratas norteamericanos.

Santa Anna estaba furioso. Quería responder rápidamente a la rebelión. Le dijo a Almonte:

– Describe la situación militar en Tejas.

– Hay dos aspectos: Tejas es enorme y los norteamericanos son muy numerosos.

– ¿Cuántos hay?

– Hay 30.000 –respondió Almonte.

A Santa Anna no le gustó la información. El número de norteamericanos en Tejas no era aceptable. Santa Anna reaccionó:

– ¿Qué? ¡Imposible! ¿30.000? ¡Son ilegales! ¡Son piratas!

– Es difícil defender el territorio.

– ¿Cuántos mexicanos están en Tejas? –preguntó Santa Anna.

– Hay 3.000.

– ¡Piratas! Los norteamericanos tienen prácticamente todo Tejas –dijo furiosamente Santa Anna.

– ¿Qué plan tiene, Su Excelencia?

Santa Anna quería responder rápidamente a los norteamericanos. Quería eliminarlos de Tejas.

– Vamos a marchar hacia San Antonio inmediatamente.

– ¿Inmediatamente? No es buena idea. Es una distancia enorme –respondió

Almonte.

– No importa la distancia. Tenemos que
atacar a los norteamericanos.
¡Inmediatamente! ¡Quiero un ataque
rápido!

– Pero Su Excelencia…

– ¡Prepare las tropas! ¡Vamos a marchar
inmediatamente! ¡Vamos a eliminar a
todos los norteamericanos. Permanen-
temente. No quiero a los norteamericanos en Tejas.

Capítulo 2
Rebelde mexicano

16 de diciembre de 1835
San Antonio, Tejas

La calma entró en San Antonio. Los norteamericanos no se imaginaban que Santa Anna planea-
ba atacar. Ellos ocuparon El Álamo y los mexicanos de San Antonio regresaron a su vida normal.
No todos los mexicanos regresaron a la normali-
dad. Juan Seguín estaba un poco nervioso, porque

8

sabía que Santa Anna respondía violentamente a los rebeldes. Y Seguín era un rebelde.

Seguín era un rebelde mexicano. También era un líder en la comunidad. Era de San Antonio. Era carismático, apasionado y determinado. Organizaba a un grupo de mexicanos que participaban en la rebelión norteamericana. Seguín se rebeló porque no le gustaban los abusos políticos de Santa Anna. Ayudaba a los norteamericanos porque ellos también estaban descontentos con Santa Anna.

Su participación en la rebelión no era muy popular. Muchos mexicanos lo consideraban a Seguín un traidor porque él combatió contra los mexicanos. Es por eso que los norteamericanos no le tenían confianza absoluta a Seguín. Ellos no le tenían confianza, porque Seguín era mexicano.

Hoy Seguín no pensaba mucho en la rebelión, porque hoy era un día especial. Hoy era la primera noche de las fiestas de diciembre: las posadas[1]. Eran una dramatización de María, la madre de

[1]posadas - Nine-day Christmas celebration that reenacts the Virgin Mary and Joseph looking for an inn.

Jesús, y su esposo, José, que buscaban un hotel. Los mexicanos preparaban las fiestas y Seguín no era excepción. Él estaba frente a su casa. Tenía un burro para la procesión de las posadas. Mientras preparaba la procesión, Seguín vio a su amigo norteamericano que caminaba por la plaza y le gritó:

– ¡Bowie! ¡Amigo!

– ¡Hola Seguín! ¿Qué tal? –le respondió Jim Bowie.

Seguín le dio la mano. Bowie era el líder de los voluntarios norteamericanos en San Antonio. Los norteamericanos no tenían tropas profesionales. Había varios grupos de voluntarios. Ellos eran desorganizados.

Bowie era un hombre valiente, agresivo y deshonesto. Era famoso por su cuchillo grande. Sacaba su cuchillo cuando estaba furioso y por eso, tenía la reputación de ser violento.

Bowie le preguntó:

– ¡Hombre! ¿Por qué tienes el burro?

– El burro es para la procesión. Hoy es la primera noche de las posadas –respondió

Seguín.

– ¿Primera noche? ¿Cuántas noches se
  celebran?

– Nueve.

– ¿Qué? ¿Nueve? ¡Los mexicanos celebran
  todo el mes de diciembre! –le exclamó
  Bowie sarcásticamente.

Seguín sabía que la cultura mexicana era dife-
rente a la cultura norteamericana. Los mexicanos
celebraban con más entusiasmo y por muchos
días. Seguín respondió:

– Nosotros, los mexicanos, somos expertos
  en celebrar fiestas. Los mexicanos sabe-
  mos cómo celebrar una fiesta. Los norteamericanos, no. No saben celebrar una
  fiesta. Son muy serios.

– ¡Ja, ja! Los norteamericanos son serios
  porque Tejas es aburrido.

– ¿Aburrido? Aburrido es un burro pequeño que no va a las posadas.

Fue un momento cómico. Entonces, Seguín le
dijo:

– La fiesta va a ser en mi casa esta noche.

Estás invitado. ¿Quieres celebrar las posadas?

– ¿Tú invitas a un norteamericano aburrido? –preguntó Bowie.

– Claro. Necesitas practicar cómo celebrar correctamente. Necesitas celebrar con los expertos, los mexicanos –dijo Seguín.

– Acepto. Acepto la invitación. Gracias.

– Excelente –le dijo Seguín.

Bowie quería saber si Seguín era uno de los mexicanos que estaba ayudando a los soldados mexicanos. Estaba observando intensamente todos los movimientos de Seguín para saber si él decía la verdad o no. Bowie no confiaba en Seguín. Quería saber si Seguín les informaba a los soldados mexicanos sobre los norteamericanos, así que le preguntó:

– ¿Sabes que corren rumores?

– ¿Rumores? ¿Qué rumores? –respondió Seguín.

– Hay mexicanos en San Antonio que son informantes. Ellos informan en secreto a los soldados mexicanos.

– ¿Quiénes son?

Bowie miró severamente a Seguín. Pero Seguín no le dijo nada. Al fin, Seguín le respondió sarcásticamente:

– No sé.

Los dos hombres se miraban cuando Bowie sacó su cuchillo grande. Seguín lo observaba nerviosamente. Miraba a Bowie y el cuchillo. Pensó: "¿Por qué Bowie es violento? ¿Por qué tiene que usar un cuchillo? No quiero problemas con él. ¿Por qué no confía en mí?". Seguín continuó observándolo silenciosamente. Otra vez Bowie no dijo nada. Violentamente tomó una fruta y la cortó con el cuchillo. Seguín lo miró y pensó: "Qué tonto soy. Bowie sólo quería cortar una fruta". Al final, Bowie le dijo 'adiós' y caminó hacia la plaza.

Capítulo 3
Las posadas

Fiesta de las posadas
Por la noche
La casa de Juan Seguín

La procesión de las posadas avanzaba hacia la casa de Seguín. Frente a la casa, las luminarias navideñas[1] brillaban y un aire de felicidad resucitaba el espíritu de la gente. Las fiestas de las posa-

---

[1]luminarias navideñas - Christmas luminaries: candles in brown paper bags that are placed along paths, window ledges and roofs

14

das incluían música, ponche, tamales, tortillas y una piñata.

Había muchos mexicanos que conversaban en la casa. Todos estaban muy contentos. De repente, llegó Jim Bowie a la casa. Seguín le dio la mano a Bowie y le dijo:

– Gracias por estar aquí.

– Gracias por la invitación.

– ¿Investigaste los rumores? ¿Sabes quién está informando a las tropas mexicanas? –le preguntó Seguín.

– No. ¿Tú informas a las tropas?

La pregunta de Bowie era cruel. A Seguín no le gustó la pregunta. No le gustaba la actitud de Bowie y tampoco le gustaban las sospechas de Bowie.

– Yo no informo a las tropas mexicanas. Es absurdo.

– No es absurdo.

– ¿Piensas que yo informo a las tropas mexicanas, que yo ayudaría a Santa Anna?

Bowie miraba a Seguín con ojos penetrantes,

15

pero no le respondió. Los dos hombres se miraron durante unos segundos y por fin, Seguín le dijo:

> – No me gusta la dictadura de Santa Anna. Él es corrupto y sólo le importa la gloria personal.

> – Tú eres mexicano...

> – Sí, soy mexicano. ¿Y?

Otra vez, Bowie no le respondió. Sólo miró a Seguín. Seguín no quería problemas con Bowie, especialmente, no durante la fiesta. Seguín le respondió:

> – Soy mexicano y quiero conservar las tradiciones mexicanas.

El comentario le llamó la atención a Bowie. Sospechaba que Seguín era un informante para los soldados mexicanos. Bowie no quería acusarlo en público. No tenía suficiente evidencia, pero lo sospechaba de él. Bowie le respondió:

> – Yo también quiero conservar las tradiciones mexicanas, especialmente la comida mexicana...

> – Y la salsa... –dijo Seguín.

> – Y las tortillas...

– ¡Y los chiles! –exclamó Seguín.

De repente, el hijo de Seguín interrumpió la conversación porque estaba llorando. Seguín le preguntó:

– ¿Por qué lloras?
– Los niños no me permiten pegar a la piñata.
– ¿Por qué no?
– Porque ellos dicen que mi familia no es mexicana.

El comentario inyectó abruptamente tensión en el aire. De repente, la gente prestó atención a la conversación para escuchar a Seguín. En particular, el comentario le llamó la atención a Bowie, porque sospechaba de Seguín. Bowie le prestó mucha atención a Seguín.

Había mucha tensión en el aire. Seguín miró nerviosamente a la gente. El hijo de Seguín no comprendía por qué muchas familias mexicanas lo consideraban a Seguín un traidor. Seguín tenía que responderle a su hijo. Con una mano firme, Seguín abrazó a su hijo precioso y le respondió:

– Hijo, tú eres 100% mexicano.

– ¿Qué es mexicano? ¿Qué es, papá?

– Un mexicano está dedicado a la familia y es devoto de la religión católica. También un mexicano observa las fiestas y las tradiciones.

– ¿Las fiestas? ¿Como las fiestas de las posadas, papá?

– Exactamente –dijo Seguín.

De repente, una persona gritó:

– ¡Viva México! ¡Viva la familia Seguín!

Toda la gente lo miró felizmente a Seguín. A la gente le gustó el comentario de Seguín. Un aire feliz entró otra vez en la casa. La gente continuó celebrando las posadas. Y Bowie continuó sospechando de Seguín.

Capítulo 4
Soldados rápidos

El 2 de febrero de1836
Entre la Ciudad de México y Tejas

Los norteamericanos no tenían idea de que Santa Anna estaba marchando muy rápido. Como un tornado, las tropas de Santa Anna marchaban hacia San Antonio. Los soldados no estaban preparados para el frío, la distancia, o el estrés de marchar rápido. Muchos soldados habían muerto[1].

[1]habían muerto - they had died

A Santa Anna no le importaban las condiciones de las tropas.

Al Coronel Almonte no le gustaba la actitud de Santa Anna. No le gustaba la crueldad. No le gustaba sacrificar a sus soldados. Almonte era realmente una persona con mucha compasión. Sus ideas estaban frecuentemente en conflicto con las ideas de Santa Anna. Hoy no era una excepción. Almonte le dijo a Santa Anna:

> – Su Excelencia, no es buena idea avanzar rápidamente con las tropas. Las condiciones de las tropas son horribles.

> – ¿Qué me importan las condiciones de las tropas? ¡Tenemos que avanzar rápidamente! –insistió Santa Anna.

> – Pero Su Excelencia...

A Santa Anna no le gustaba que Almonte insistiera[2]. Santa Anna estaba furioso. Realmente no le importaban los soldados. Le importaba la gloria.

> – ¡Qué no! Coronel Almonte, el soldado es insignificante. Usted sabe que el soldado sirve para sacrificarse.

[2]insistiera - s/he insisted

20

– No estoy de acuerdo. Un soldado muerto no sirve para nada.

– Un soldado muerto sirve mucho. Sirve para recibir la gloria. Prepare las tropas. Vamos a avanzar mañana.

Almonte no quería causar conflictos. Aceptó la decisión de Santa Anna, porque él era un buen soldado: obedecía a los superiores. Entonces, Almonte le respondió:

– Sí Su Excelencia. Vamos a avanzar, si Dios quiere[3].

– Coronel Almonte, usted no comprende que la situación es urgente. Los norteamericanos quieren tomar Tejas para absorber más territorio. Es una conspiración norteamericana. Ellos absorben y absorben más territorio. Necesitan límites.

– Estoy de acuerdo. ¿Vamos a marchar mañana?

– Si Dios quiere –le respondió sarcásticamente Santa Anna.

[3]si Dios quiere - – if God wants, God willing

21

Almonte caminó por el campamento y observó que hacía mucho frío. Hacía muchísimo frío. Los soldados sufrían horriblemente en el aire frío.

Por la mañana, había una escena increíble. Había 35 centímetros de nieve en el suelo. Era increíble. Era un desastre pero la nieve no afectó a Santa Anna nada. Les gritó a los soldados:

– ¡Rápido! ¡Caminen!

– Su Excelencia –le respondió Almonte–. La nieve. No es posible avanzar con los cañones grandes. Es imposible en la nieve.

– Estoy de acuerdo. No avanzamos con los cañones grandes. Pero las tropas necesitan marchar hacia Tejas. ¡Hoy!

Capítulo 5
El futuro

Fiesta del cumpleaños del presidente norteamericano
El 22 de febrero de 1836
San Antonio, Tejas

Un aire de celebración entró en el pueblo de San Antonio. Los norteamericanos decidieron celebrar una fiesta de cumpleaños. No se estaban preparando para un combate. El 22 de febrero era el cumpleaños del primer presidente de los Estados Unidos: Jorge Washington. Todo el pueblo de San Antonio celebraba la fiesta, incluyendo los mexicanos.

En la fiesta había músicos que tocaban la guitarra y el violín. Muchas personas estaban bailando al ritmo de la música. La comida estaba deliciosa: tortillas, frijoles, carne, fruta y tamales.

Era una fiesta fantástica con una excepción: rumores corrían de boca en boca entre los mexicanos. Decían que las tropas mexicanas estaban a unas horas de San Antonio. Muchos mexicanos planeaban escapar inmediatamente de San Antonio. No querían estar en San Antonio con las tropas mexicanas. Seguín le comentó a Bowie:

– Los soldados mexicanos están a unas horas de San Antonio.

– ¿Cómo sabes que los mexicanos están a unas horas de aquí?

Bowie no confiaba en Seguín. No confiaba en su información. De repente, Bowie sacó su cuchillo grande y lo movió frente a la cara de Seguín. El cuchillo de Bowie era enorme. Bowie tenía la reputación de usar su cuchillo en conflictos personales. Furiosamente repitió:

– ¿Cómo sabes que los mexicanos están a

unas horas de aquí?

– Corren rumores. Solamente quiero informarte de los rumores –dijo Seguín nerviosamente.

Seguín no quería conflictos con Bowie. No quería conflictos con el cuchillo de Bowie. Especialmente con el cuchillo.

El 23 de febrero de 1836
San Antonio, Tejas
La casa de Juan Seguín

Por la mañana había pánico en San Antonio. Muchas familias estaban huyendo[1] de San Antonio con sus posesiones. Había pánico porque muchos soldados mexicanos estaban a unos minutos de San Antonio.

Los norteamericanos no estaban preparados para combatir con los soldados mexicanos. No pensaban que Santa Anna y sus tropas llegaran en febrero. No querían huir de San Antonio. No querían abandonar El Álamo porque había muchos

[1]estaban huyendo - they were fleeing

cañones. No querían permitir que los mexicanos tomaran los cañones. Decidieron defender El Álamo. Ellos alertaron a otros norteamericanos que necesitaban más hombres para defender El Álamo.

Seguín tenía que tomar una decisión rápida: defender El Álamo con los norteamericanos o huir del pueblo con su familia. El Álamo estaba a unos minutos de su casa. Miró unos segundos El Álamo. Miró por las rejas[2] de su casa. Las rejas eran tradicionalmente parte de las casas mexicanas.

Seguín pensaba que ahora las rejas formaban una prisión para él. Pensaba que las rejas eran como una prisión porque Seguín estaba atrapado entre las dos opciones.

María, su esposa, caminó hacia él. Sabía que Seguín quería ir a El Álamo y por eso estaba muy

[2]rejas - iron bars used to decorate and protect windows, doors and balconies

preocupada. Ella lo abrazó. Muchos mexicanos estaban huyendo y María quería huir también.

Seguín se separó abruptamente de María y preparó sus rifles. María le preguntó:

– ¿Vamos a huir del pueblo?

– No, no vamos a huir. Yo voy a entrar a El Álamo.

– ¡No, no! ¡No entres! Tú vas a estar atrapado como un animal.

– Es posible.

María lloró histéricamente. No podía controlar sus emociones. Seguín no la quería ver llorar. Entonces, la abrazó y le dijo firmemente:

– Tengo que ir a El Álamo. Mi misión es defender El Álamo.

– Juan, ¿qué me importa tu misión? Piensa en el futuro, en tu hijo. ¡Piensa en mí! Un buen mexicano sí piensa en su familia.

Ofendido, Seguín le respondió:

– No me insultes. Mis intenciones son buenas.

– Pero Juan, tú no piensas en el futuro.

– Sí, yo pienso en el futuro. El futuro es
Tejas independiente del dictador Santa
Anna.

María lloró incontrolablemente. Su hijo la
miró con ojos grandes. Seguín tomó a María de los
brazos. La miró directamente a los ojos durante
unos segundos y le respondió:

– María, mi preciosa María. Tú sabes que
te quiero. Eres mi inspiración. Pero ahora
tengo que defender el futuro. Tu futuro.
Mi futuro. Y el futuro de nuestro hijo.

María lo abrazó fuertemente y le replicó:

– ¿Qué me importa el futuro, si tú no estás
en el presente?

– Cálmate. Contrólate.

Seguín la abrazó lentamente. De repente, el
hijo corrió hacia ella y la abrazó firmemente. El
hijo estaba pensando en la fiesta con la piñata. No
comprendía completamente la situación. Le dijo a
su mamá:

– No llores, mamá. Papá es 100% mexicano.

María abrazó a su hijo y le replicó con mucha
emoción:

28

– Tu papá…tu papá no es 100% mexicano,
es 100% rebelde.

En ese momento, Bowie pasó por la casa de
Seguín. Quería ir con Seguín a El Álamo. Cuando
Bowie iba a entrar en la casa, oyó la conversación
entre María y Juan. La conversación le llamó la
atención. Bowie no entró en la casa porque quería escuchar la conversación en secreto. Se puso
frente a la casa para que María y Juan no lo vieran.
Seguín le dijo a María:

– María, ¿por qué le dices al niño que yo
no soy mexicano? Sí, soy mexicano.

– Un mexicano de verdad no va a entrar a
El Álamo.

– Ah, hablando de entrar a El Álamo…tie-
nes que dar una nota al Coronel Juan
Almonte.

Almonte y Seguín no eran amigos, pero
Seguín decidió poner la salvación de su familia en
manos de él. Quería que Almonte ayudara a su
familia. La reputación de Almonte era buena.
Almonte era admirable y respetuoso. María le respondió:

29

– ¿Una nota para Juan Almonte? ¿Es el hombre que te visitó?

– Sí. Juan Almonte. Él puede ayudarte.

De repente, Bowie entró en la casa. Tenía una expresión fría, pero no les dijo nada. Sacó su cuchillo grande y lo movió frente a la cara de Seguín. Bowie sospechaba de Seguín. Sospechaba que Seguín estaba ayudando a los soldados mexicanos. Quería preguntarle sobre la nota, pero el hijo de Seguín le interrumpió:

– ¡Hola!

Bowie miró al hijo de Seguín e inmediatamente se calmó. No era el momento para Bowie de acusar a Seguín. Quería saber las intenciones de Seguín pero ahora no. Quería investigar la nota, pero por el momento tenía que responder al niño. Bowie le dijo:

– Hola, ¿cómo estás?

– Bien –respondió el niño–. ¿Y usted?

– Bien –dijo Bowie.

Seguín notó que Bowie no estaba bien. Bowie no tenía mucha energía. No tenía mucho entusiasmo. Seguín le preguntó a Bowie:

– ¿De verdad? ¿Estás realmente bien? –le
preguntó Seguín.

– Realmente no. No estoy bien.

– Estás enfermo porque no sabes celebrar
las fiestas –dijo sarcásticamente Seguín.

– ¿Vas con mi papá a El Álamo? –le preguntó el hijo de Seguín a Bowie.

Bowie miró severamente a Seguín y le dijo al
niño:

– Sí. Tu papá va conmigo a El Álamo.
Tenemos que ir inmediatamente porque
los soldados mexicanos están entrando al
pueblo.

La interrupción del niño alivió la situación
tensa. Seguín abrazó a su hijo y a María. Después,
tomó sus rifles y se fue nerviosamente de la casa
con Bowie. Ellos fueron hacia El Álamo. Fueron a
encontrarse con su destino.

Capítulo 6
Defensa

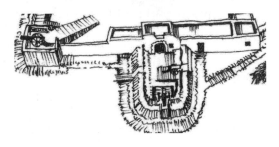

El 23 de febrero de 1836
La plaza de San Antonio

Santa Anna entró en la plaza con mucha dignidad y ceremonia. Cuando Santa Anna pasaba por la plaza, observó a una chica muy bonita. Le llamó la atención a Santa Anna. Ella era muy joven. Estaba con su mamá frente a la iglesia. Santa Anna dijo:

> – Coronel Almonte, ¿quién es la chica
> joven que está frente a la iglesia?

– No sé.

– Quiero que usted investigue sobre la chica. Quiero saber dónde vive. La quiero visitar.

Almonte pensaba que era una mala idea visitar a una chica. Santa Anna era el general y necesitaba pensar en el combate.

– Su Excelencia, la chica es una distracción. No es prudente visitarla. Usted tiene que concentrarse en el combate.

– No quiero escuchar su sermón. Investigue a la chica.

– Sí, Su Excelencia.

El 23 de febrero de 1836
La plaza de El Álamo

Seguín y Bowie llegaron a la plaza de El Álamo. Había mucha área que defender. Realmente El Álamo era una misión religiosa y no una fortaleza defendible. Los españoles establecieron la misión en 1718. Incluía una iglesia en malas condiciones.

Ellos observaron que se necesitaban 1.000 hombres para defender El Álamo. Por el momento había 190 hombres. No había suficientes hombres para defender El Álamo. Después, ellos subieron a un muro[1] para observar el pueblo de San Antonio. Los dos observaron que muchísimos soldados mexicanos estaban entrando lentamente al pueblo. Había muchísimos soldados. Bowie y Seguín se miraron seriamente. No podían creer cuántos soldados había. Estaban nerviosos por el número de soldados. Bowie le dijo a Seguín sarcásticamente:

    – Necesitamos un cañón enorme.

    – Cierto. Santa Anna tiene 5.000 soldados.

Bowie no sabía cómo responder a Seguín.

[1]muro - thick wall

Sospechaba de Seguín, porque él sabía el número de soldados. Miró hacia el pueblo de San Antonio porque no quería mirar directamente a Seguín. Observaba la iglesia.

– ¡Mira la iglesia! –gritó Bowie, interrumpiendo el silencio.

Seguín y Bowie observaron la iglesia en el pueblo de San Antonio. La iglesia se llamaba San Fernando y estaba situada en la plaza del pueblo. Ellos observaron a unos soldados mexicanos con una bandera[2] roja. Bowie exclamó:

– ¡Una bandera roja! Es un símbolo: Santa Anna no va a tomar prisioneros.

– Cierto. No vamos a escapar vivos.

– Santa Anna me pone furioso. ¡Es un animal! Un típico dictador. Él mata a todas las personas que no estén a su favor.

Bowie se puso furioso y violento. Le gritó firmemente a un hombre:

– ¡Prepara el cañón! Vamos a responder al dictador con el cañón.

El hombre preparó el cañón. Entonces, Bowie

[2]bandera - flag

35

le gritó:

– ¡Dispara![3]

El hombre disparó el cañón. Los soldados mexicanos huyeron. Tenían pánico. ¡Pum! La bola explotó frente a la casa donde estaba Santa Anna.

> – ¡Idiotas! ¡Rebeldes! –gritó Santa Anna, saliendo furiosamente de la casa–. ¡Vamos a atacar inmediatamente!
>
> – Su Excelencia, no es prudente. Los soldados están muy cansados –respondió Almonte.

Santa Anna se puso agresivo y le gritó a Almonte:

> – ¡Vamos…a…atacar…ahora! La rebelión de los norteamericanos no tiene límites. Es hora de matar a todos los piratas. ¿No comprende, Almonte? Esta rebelión es una conspiración del Presidente Jackson. Los norteamericanos quieren la expansión de los Estados Unidos. ¡Todos son piratas del territorio mexicano! ¡Ahora! ¡Vamos a atacar ahora! ¡Prepare a los

[3]dispara - shoot, fire

soldados!

Almonte organizó a los soldados con rapidez. Los soldados se pusieron en grupos. También prepararon los cañones. Después de unos minutos, Santa Anna les gritó:

– ¡Disparen!

¡Pum! Los soldados dispararon los cañones. ¡Pum! Otra bola fue hacia El Álamo. Los mexicanos bombardearon El Álamo con los cañones durante una hora. ¡Pum! ¡Pas! Los norteamericanos respondieron valientemente con sus rifles y cañones.

De repente, Bowie vio que había varias casas abandonadas frente a El Álamo. Los soldados mexicanos estaban usando las casas. Bowie quería que Seguín destruyera[4] las casas. Quería ver las intenciones de Seguín. "¿Realmente Seguín va a matar a su gente, a los mexicanos?" pensó Bowie. Le dijo:

– Seguín, tienes que destruir las casas. Los soldados mexicanos las usan para atacarnos.

[4]destruyera - s/he destroys

37

Seguín corrió hacia Bowie y lo tiró al suelo. Bowie miró furiosamente a Seguín porque no entendía[5] sus intenciones. Pero en ese instante, una bola de cañón pasó sobre su cabeza y explotó en la plaza. ¡Pum! ¡Pas! Bowie tomó su rifle y les disparó a los soldados. ¡Pum! Después de una hora de combate, Seguín observó que las tropas mexicanas estaban abandonando sus posiciones. Ellos ya no disparaban sus rifles. Seguín les gritó a los voluntarios:

– ¡Victoria!

Los voluntarios se pusieron a gritar de felicidad. Estaban muy contentos. Habían defendido excepcionalmente El Álamo. Seguín miró a Bowie. Vio que Bowie estaba en el suelo. Seguín corrió hacia Bowie, pensando que estaba muerto. Seguín lo miró y vio que no estaba muerto. Le tocó la cabeza y vio que tenía mucha fiebre[6]. Era una fiebre muy intensa. Bowie no podía levantarse. Estaba mal, muy mal.

[5]entendía - s/he understood
[6]fiebre - fever

38

Capítulo 7
El destino

El 29 de febrero de 1836
El Álamo

Ya habían pasado cuatro largos días de combate. Por la noche, el aire frío entró en la plaza de El Álamo. Seguín caminó por la plaza y observó a muchos hombres cansados. Ellos estaban cansados de combatir muchos días.

Seguín decidió hablar con Bowie, porque estaba preocupado. Quería hablar de las condiciones en El Álamo. Había poca comida, pocos rifles y pocos hombres para defender El Álamo. Seguín tocó a la puerta del cuarto de Bowie. Entró en el cuarto e inmediatamente, Seguín vio que Bowie todavía estaba muy enfermo. Tenía fiebre y estaba muy pálido. Le preguntó a Bowie:

– ¿Cómo estás?

– Mal. Muy mal.

Bowie hablaba con dificultad. Su respiración no era normal. Era muy lenta. Él estaba sufriendo mucho. Tenía náuseas y la fiebre no le permitía levantarse. Pero Seguín le dijo:

– No puedes estar enfermo. Te necesitamos para defender El Álamo.

Bowie todavía sospechaba de las intenciones de Seguín. Pensó: "¿Qué intenciones tiene Seguín? ¿Realmente quiere defender El Álamo? ¿Por qué le escribió una nota al Coronel Almonte? ¿Está ayudando a los norteamericanos o está ayudando a los mexicanos?". Bowie sospechaba que Seguín se estaba comunicando con los soldados mexicanos. Le dijo:

– Tienes que buscar más hombres para

defender El Álamo.

– Buena idea —dijo Seguín rápidamente—.
Voy a buscar más voluntarios inmediatamente.

La conversación confirmó las sospechas de
Bowie, porque Seguín respondió muy rápidamente. Bowie pensaba que Seguín quería buscar a los
soldados mexicanos. No pensaba que quería buscar más voluntarios realmente. Bowie alertó a un
hombre para capturar a Seguín, pero Seguín ya se
había escapado de El Álamo. Se había escapado
de su destino fatal.

El primero de marzo de 1836
San Antonio, Tejas

Después de ocho días de combate, los mexicanos todavía no celebraban la victoria. Santa
Anna no había tomado muy en serio la batalla.
Almonte fue a hablar con Santa Anna de la estrategia de la batalla. Le preguntó:

> – Su Excelencia, ¿qué plan tiene usted para
> la batalla mañana?
> – ¿Mi plan? Mi plan es visitar a la chica

–replicó Santa Anna.

– Su Excelencia, no es prudente visitar a la chica. Es hora de concentrarnos en la batalla.

– Es hora de visitar a la chica. Voy a visitarla –insistió Santa Anna y fue a la casa de la chica.

En la casa de la chica

– Buenos días, preciosa –le dijo suavemente Santa Anna a la chica.

– Buenos días, Su Excelencia –respondió la chica.

– ¿Tienes interés en caminar conmigo?

– ¡No! –interrumpió la mamá–. Usted no puede caminar en público con una mujer si no es su esposa. No es correcto. No me importa si usted es el Presidente de México o no.

– Usted tiene toda la razón. ¿Su hija quiere casarse conmigo?

La mamá estaba sorprendida por la decisión rápida de Santa Anna. Ella pensaba en el prestigio

y el dinero. Le gustaba la idea de casar a su hija
con el Presidente. Le respondió a Santa Anna:

> – Acepta. Mi hija acepta su proposición de
> matrimonio.
> – Excelente. Mañana nos casamos en la
> iglesia que está situada en la plaza.
> Hasta mañana.

Santa Anna besó a la chica en la mano y se
fue. La chica miró nerviosamente a su mamá y
exclamó:

> – ¡Mamá! ¿Matrimonio? ¿Con un hombre
> de 40 años?
> – ¿Qué importa? Ya tienes 17 años, sufi-
> cientes años para casarte. Piensa en la
> fama y el dinero. Santa Anna es el
> Presidente.
> – ¿Por qué tengo yo que casarme con él?
> – Porque sí. Y ahora tenemos que preparar-
> te para mañana, para la ceremonia.

Muy contento, Santa Anna llegó a su casa y le
dijo a Almonte:

> – Usted tiene que preparar una ceremonia
> para mañana.

— ¿Una ceremonia?

— Sí. La ceremonia es una boda[1]; un matrimonio falso. Usted tiene que actuar como un sacerdote[2], porque va a ser una ceremonia falsa.

La idea era absurda. Almonte no quería participar en una boda falsa.

— ¿Yo? ¿Sacerdote? Imposible. ¿Una boda falsa?

— Almonte, la mamá de la chica piensa que yo voy a casarme realmente con su hija. Y con el matrimonio, la mamá me permite ver a su hija. Quiero salir con la chica. Ella es muy bonita. Pero no quiero casarme en realidad.

— ¿La mamá sabe que usted tiene una esposa en la capital?

— No, no lo sabe. Es un secreto.

Almonte estaba nervioso al pensar en la boda. No le gustaba la idea de una boda falsa, pero él era buen soldado y obedecía a Santa Anna.

[1]boda - wedding
[2]sacerdote - priest

Capítulo 8
Boda falsa

El 2 de marzo de 1836
La iglesia de San Antonio

Cuando Santa Anna entró en la iglesia, Almonte ya estaba frente al altar. Almonte era un buen actor. Actúaba como un sacerdote real. Estaba nervioso porque todavía no había memorizado las frases de la boda. Necesitaba muchas horas más para memorizar las frases. Repetía las

45

frases. No quería ser sacerdote porque pensaba que era una idea absurda.

De repente, la chica llegó con su mamá a la entrada de la iglesia. La mamá pasó la mano enfrente de la cara de su hija y le dio su bendición[1]:

> – Hija, que Dios te bendiga[2], hoy y por el resto de tu vida. En nombre del Padre, del Hijo y del Espíritu Santo.
> – Gracias, mamá –respondió la chica y le besó la mano a su mamá.

Después, la chica caminó lentamente hacia el altar donde estaban Santa Anna y el sacerdote Almonte. La cara de Santa Anna estaba radiante. Santa Anna miró a la chica intensamente. Almonte les dijo:

> – Estamos aquí en la presencia de Dios para unir a estas dos personas en matrimonio, el General Antonio López de Santa Anna Pérez de Lebrón con…con…con…la chica.

[1]bendición - blessing
[2]que Dios te bendiga - God bless you

– ¿La chica? ¡Mi hija tiene nombre! –exclamó la mamá.

– Perdón. ¿Cómo se llama? –le preguntó Almonte a la chica.

– Melchora Barrera –dijo la chica.

– Bien. Melchora Barrera, ¿acepta usted al General Antonio López de Santa Anna Pérez de Lebrón como esposo?

– Sí, acepto –respondió Melchora.

– Mi General, ¿acepta usted a Melchora Barrera como esposa? –preguntó Almonte.

– ¿Mi General? ¿Por qué dijo 'mi general'? –lo interrumpió la mamá.

– Sí, acepto –respondió rápidamente Santa Anna.

– ¡Excelente! Si Dios quiere, yo los declaro: marido[3] y mujer. En nombre del Padre, de la madre y del Espíritu Santo –dijo Almonte.

– ¿La madre? –exclamó Melchora.

– Sí, Melchora –dijo Santa Anna–. El sacer-

---

[3]marido - husband

47

dote quiere honrar a tu mamá en este día especial. Él dijo 'madre' porque tu madre es especial.

Santa Anna miró severamente a Almonte porque había cometido varios errores en la ceremonia. Almonte estaba nervioso y sólo quería terminar con la ceremonia. Entonces, le dijo a Santa Anna:

– General, se permite besar a la novia.

Santa Anna besó a la chica y los dos salieron rápidamente de la iglesia. La mamá estaba muy feliz y Santa Anna también.

El 5 de marzo de 1836
San Antonio, Tejas
La casa de Santa Anna

– Almonte, es hora de celebrar mi boda con los norteamericanos –dijo Santa Anna.

– ¿Cómo? ¿Tengo que ser un sacerdote otra vez?

– No.

– Entonces, ¿cómo vamos a celebrar la
boda? –preguntó Almonte.

– Para celebrar mi boda, vamos a matar a
todos los norteamericanos en El Álamo.

Santa Anna estaba muy contento al pensar en
la batalla. Santa Anna tenía la reputación de no
pensar bien en las consecuencias de sus decisiones. Continuó:

– Mañana vamos a atacar en grande.

– ¿Mañana? Su Excelencia, no es prudente
atacar en grande El Álamo.

– ¿Qué me importa si es prudente o no?
Tenemos 5.000 soldados. Y los informantes en San Antonio dicen que los norteamericanos solamente tienen menos de
200 hombres. Es hora de atacar.

– ¿Sin los cañones grandes? No tenemos
los cañones grandes. Sin los cañones no
es posible bombardear efectivamente los
muros. Sin los cañones tenemos que
sacrificar muchos soldados en el combate –insistió Almonte.

Era evidente que Almonte no quería sacrificar

49

a los soldados. Santa Anna era cruel no solamente con los norteamericanos pero también con los soldados mexicanos.

– Sin soldados muertos, no hay gloria.
Todo buen soldado tiene que sacrificarse.
– Si Dios quiere.
– La vida de un soldado es insignificante.
Tenemos que defender el territorio mexicano, sin pensar en el costo –afirmó Santa Anna.
– Si Dios quiere, Su Excelencia. Si Dios quiere.
– Once días de combate no es aceptable.
Quiero terminar el combate hoy. Sin excusas.

Almonte salió de la casa para darles instrucciones a las tropas. Ya no quería causarle conflictos a Santa Anna, porque Santa Anna era el comandante supremo. Almonte era buen soldado. Siempre obedecía a sus superiores. Pero no le gustaba sacrificar a muchos soldados sin pensar en las consecuencias.

Capítulo 9
El Álamo

A las tres de la mañana
El campamento mexicano

Almonte preparó las tropas para la batalla final. Les informó:

> -- Vamos a formar cuatro grupos. Caminen en silencio hacia El Álamo. No alerten en nada a los norteamericanos. Yo voy a

indicarles el momento perfecto para atacar El Álamo.

– ¿Y después? –preguntó un soldado.

– Después tienen que subir a los muros de
El Álamo. Tienen que penetrar en El
Álamo. El General Santa Anna quiere
que ustedes maten a todos los norteamericanos. Absolutamente a todos. No quiere que tomen prisioneros.

– Los soldados que están al frente de las
tropas van a morir inmediatamente
–replicó nerviosamente un soldado.

– Sí. Van a morir. Sin el sacrificio, no es
posible penetrar los muros –respondió
Almonte.

Los soldados no estaban de acuerdo, pero
tenían que obedecer al Coronel Almonte. Ellos
caminaron silenciosamente hacia los muros de El
Álamo. Se pusieron en posición. Se pusieron en
posición para la batalla final. Los hombres que
estaban en El Álamo no los vieron.

Hacía mucho frío. Los soldados tenían que
estar en posición durante unas horas. De repente,

un soldado se levantó porque tenía que usar el baño. Se levantó rápidamente. Muchos soldados mexicanos miraron al soldado. Ellos pensaron que el soldado se había levantado para atacar El Álamo. Pensaron que era el momento de avanzar hacia El Álamo. Todos los soldados se levantaron. Un soldado gritó:

– ¡Viva Santa Anna! ¡Viva México!

De repente, todos los soldados corrieron hacia los muros de El Álamo. Almonte no comprendió por qué los soldados estaban corriendo, pero no tenía opción más que avanzar con ellos. Un norteamericano detectó a los soldados y alertó al resto de los hombres en El Álamo. Un pánico corrió por la plaza de El Álamo. Ya era tarde para defender bien a El Álamo. Los norteamericanos se levantaron con sus rifles en la mano y corrieron hacia los muros.

¡Pum! ¡Pum! ¡Pum! Los norteamericanos defendían muy bien los muros.

– ¡Disparen! –gritó un norteamericano.

Una bola de cañón mató a muchos soldados que estaban frente a las tropas.

– ¡Disparen! –repitió un norteamericano.

¡Pum! ¡Pum! ¡Pas! Otra vez, los norteamericanos dispararon los cañones. Los soldados que estaban frente a las tropas murieron. Los norteamericanos mataron a muchos soldados que corrían hacia los muros.

– ¡Disparen! –gritó el norteamericano.

– ¡Corran! –exclamó un soldado mexicano.

Un grupo de soldados mexicanos escapó de la bola del cañón. El grupo corrió rápidamente hacia el muro de El Álamo.

– ¡Suban! –gritó un soldado.

Un soldado subió al muro. ¡Pum! Un norteamericano lo mató. Otro soldado subió al muro. ¡Pas! El soldado murió. Dos soldados más subieron. Un norteamericano luchó violentamente con uno de los soldados y el segundo soldado penetró en el muro. Rápidamente, dos, tres, cuatro soldados subieron al muro y penetraron en el muro.

Ahora muchos soldados más subían a los muros. Los norteamericanos y mexicanos luchaban cara a cara. Usaban los rifles para pegarse.

¡Crac! ¡Crac! Luchaban intensamente. Luchaban con toda la energía que tenían.

En ese momento, Bowie se levantó, porque quería luchar también. Tenía que caminar lentamente, porque tenía mucha fiebre. Caminó con una pistola y el cuchillo en las manos. Caminó con dificultad. Cuando llegó a la plaza, miró con horror los muros. ¡Los soldados mexicanos habían penetrado las defensas y habían tomado posesión de un muro! Bowie pensaba en Seguín. Pensó: "¿Dónde está Seguín? ¿Por qué no regresó?" Sospechaba que Seguín había escapado de El Álamo para ayudar a los soldados mexicanos.

Bowie caminó un poco más en la plaza. En la distancia, vio que un grupo norteamericano se defendía valientemente. De repente, un norteamericano gritó:

— ¡Escapen! ¡Los mexicanos tienen control de un cañón!

Muchos norteamericanos corrieron hacia los cuartos para escapar. ¡Pum! Una bola del cañón explotó en la plaza. Seis soldados mexicanos corrieron hacia Bowie y él se defendió con la pistola. ¡Pum! Bowie disparó con la pistola y mató a un soldado. Cinco soldados más avanzaron hacia Bowie. De repente, Bowie levantó su cuchillo enorme. Los soldados y Bowie lucharon violentamente. ¡Crac! ¡Pum! ¡Pas! Los mexicanos le dispararon a Bowie en el estómago. También le pegaron con sus rifles en la cabeza. Por unos segundos, Bowie miró hacia la iglesia de El Álamo. Levantó el cuchillo y murió.

Después, los soldados fueron a todos los cuartos. Buscaron a los norteamericanos. Entraron en la iglesia, preparados para luchar con más norteamericanos. Cuando entraron, vieron a una mujer. Ella les gritó:

– ¡Ay! ¡No maten a mi hija!

La mujer tenía una niña en los brazos. Ella estaba llorando mucho. Les repitió:

– Por favor, no maten a mi hija.

Los soldados mexicanos las miraron. No querían matar a una niña pequeña, pero tenían instrucciones de Santa Anna de no tomar prisioneros. Decidieron consultar al Coronel Almonte. Cuando Almonte llegó al cuarto, miró a los ojos preciosos de la niña. Quería ayudarles. Les dijo:

– Es hora de ir a casa. Vamos.

La niña miró a los ojos expresivos de Almonte. La mamá estaba muy nerviosa por su hija, porque no confiaba en Almonte. Con calma, Almonte le dijo a la mamá:

– Tienen que abandonar la misión.

Caminen conmigo para escapar de aquí.

La mujer y la niña caminaron con Almonte. Al entrar en la plaza, el aire frío les pegó. Había una escena violenta. Los mexicanos tenían el control de la plaza. Tenían completo control. Por todas partes había norteamericanos y soldados mexicanos muertos. Todos los norteamericanos estaban muertos con una excepción: un grupo de siete norteamericanos. Ellos eran prisioneros. Tenían las manos levantadas y sus rifles estaban en el suelo.

La niña pequeña observó la escena horrible. Miró, con horror, a los prisioneros norteamericanos. Almonte tomó abruptamente a la niña por la mano. No quería que la niña viera la violencia. La niña resistió la mano de Almonte, porque en ese momento Santa Anna caminó frente a los prisioneros. El uniforme de Santa Anna era muy elegante y muy decorado. Todos los soldados le prestaron atención a él. La presencia de Santa Anna les llamó la atención a todos.

En particular, les llamó la atención a la mamá y a la niña. Ellas notaron la presencia tremenda de Santa Anna. El General Santa Anna observó que la niña y su madre les prestaban atención a los prisioneros. Entonces, frente a la niña y su madre, Santa Anna les dijo calmadamente a sus soldados:

– Maten a los prisioneros.

Con rapidez, los soldados mexicanos les dispararon con sus rifles a los prisioneros y los mataron. La niña gritó incontrolablemente. Almonte tomó firmemente a la niña por la mano y ellos tres caminaron hacia la entrada. La niña y su madre escaparon aterrorizadas de El Álamo. Escaparon con las imágenes violentas que corrían por su cabeza.

Almonte le informó a Santa Anna:

– El Álamo está completamente en nuestras manos otra vez.

– ¡Victoria!

– Fue una victoria muy costosa. Fue una batalla de 13 días. En total, más de 600 soldados mexicanos murieron. Fue un costo enorme –replicó Almonte.

A Santa Anna no le importaban los comentarios de Almonte. Por el contrario, Santa Anna estaba muy feliz. Le importaba más la victoria.

– No me importan los muertos. Me importa la victoria. Fue una victoria maravillosa.

– Fue una victoria horrible. Menos de 200 norteamericanos defendieron El Álamo.

– Fue una victoria maravillosa. Y ahora voy a celebrar con mi esposa.

Capítulo 10
Huir

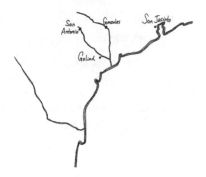

El 11 de marzo de 1836
Gonzáles, Tejas

Seguín estaba muy impaciente, porque quería regresar rápidamente a El Álamo. Estaba con 374 voluntarios. Los voluntarios iban a ir con él a El Álamo. Ellos iban a defender El Álamo. En ese momento, Seguín estaba en un pueblo que se llamaba Gonzáles.

Cuando Seguín estaba hablando con los voluntarios, Sam Houston llegó. Houston llegó con cuatro hombres. Era el comandante de las tropas norteamericanas en Tejas. Houston era influyente porque era amigo del Presidente Andrew Jackson.

> – ¿Cuatro hombres? ¿Solamente llegas con cuatro hombres? –le dijo Seguín a Houston.
>
> – ¿Qué pasó? ¿Por qué me preguntas? –respondió Houston.
>
> – Necesitamos muchos voluntarios. Necesitamos ir a El Álamo. Hay 5.000 soldados en San Antonio.
>
> – ¿5.000? ¿En serio? A causa de Bowie, hay muchos soldados en San Antonio. Yo le ordené a Bowie que destruyera El Álamo.

Houston no estaba contento, porque Bowie no destruyó El Álamo. Pensaba que no era buena idea marchar a San Antonio. Necesitaba muchos más voluntarios para combatir con los soldados mexicanos. Houston pensó en una solución. Pensó en las tropas norteamericanas en el pueblo de Goliad. Pensó en formar un sólo grupo militar con las tropas en Goliad. Entonces, Houston tenía que comunicarse con el comandante en Goliad. El comandante de las tropas era James Fannin. Houston le preguntó a Seguín:

– ¿Cuántos voluntarios hay en Goliad?

– Cuatrocientos. Todos los voluntarios tienen que ir a El Álamo. Es urgente.

– No, no vamos a San Antonio –dijo Houston.

– ¿Por qué no? –insistió Seguín.

– Tu idea es absurda. ¿Por qué insistes? El Álamo es indefendible.

En ese momento, una mujer con una niña pequeña corrió hacia Houston. Era la mujer norteamericana que había escapado de El Álamo. Ella gritaba histéricamente:

– ¡Masacre! ¡Masacre!

– ¿Dónde?

– ¡El Álamo! ¡El Álamo! Los mexicanos mataron a todos los norteamericanos. Mataron a los prisioneros también.

– ¿Qué? –exclamó Houston–. ¿Mataron a

los prisioneros?

– Sí. Mataron a los prisioneros frente a mis ojos.

El pánico y el horror corrieron por Gonzáles. Los voluntarios, de repente, miraron firmemente a Seguín. Ellos sospechaban de Seguín. Querían saber por qué Seguín insistía en regresar a El Álamo. Los voluntarios pensaron que Seguín quería ir a San Antonio para que los soldados mexicanos los mataran. Un voluntario exclamó:

– ¡Seguín es responsable por la muerte de los hombres de El Álamo!

- Seguín está informando a Santa Anna. Quiere ir a El Álamo para que Santa Anna nos mate. ¡Seguín es traidor! –dijo otro voluntario.

Había mucha tensión. Los voluntarios no confíaban en Seguín. Houston tenía dos problemas. Tenía que separar a Seguín de los voluntarios. También los voluntarios tenían que huir de Gonzáles. Houston les dijo a los voluntarios:

– Es urgente huir de Gonzáles.

– ¿Huir? –le respondió un voluntario.

– Sí, huir hacia Luisiana. Allí hay muchos norteamericanos.

– No quiero huir. Quiero matar a los mexicanos –exclamó otro voluntario.

– Vamos a huir mañana –respondió firmemente Houston.

Houston quería escapar de las tropas de Santa Anna y separar a Seguín de los voluntarios norteamericanos. Pensó en una solución fantástica: que Seguín fuera[1] al pueblo de Goliad. Houston le dijo secretamente a Seguín:

– Seguín, tú sabes mucho del territorio aquí.

– Cierto.

– Quiero que tú vayas a Goliad con una

[1]fuera - that s/he goes (would go)

64

nota para el comandante Fannin. Quiero
que las tropas en Goliad vengan a nosotros.

– ¿Yo? –exclamó Seguín.

– Tú. Quiero separarte de mis voluntarios.
Ellos no confían en ti. Sospechan de ti.
Quiero que tú vayas a Goliad.

Seguín miró al suelo. No podía creer la actitud negativa de Houston. Levantó lentamente la
cabeza y le afirmó:

– Mire, yo soy un hombre honesto.

– No me importa tu opinión. Quiero que
vayas a Goliad. Quiero que te separes de
mis voluntarios. Seguín, tu futuro con las
tropas norteamericanas depende mucho
de tu misión a Goliad.

– ¿Por qué? –preguntó Seguín.

– Tienes una opción. Sólo una opción.

Seguín no comprendió nada. No sabía qué
quería decir Houston. Seguín preguntó:

– ¿Una opción?

– Hablar con el comandante Fannin. Si las

tropas de Goliad no se juntan[2] con mis tropas, todos los voluntarios van a sospechar de ti. Ellos van a pensar que tú estás ayudando a los soldados mexicanos. Si las tropas de Goliad se juntan con mis tropas, todos van a confiar en ti. No van a sospechar de ti. ¿Comprendes?

– Comprendo perfectamente. Las tropas se juntan –respondió Seguín con una expresión fría.

Houston escribió una nota al comandante Fannin que estaba en Goliad.

Coronel Fannin:

Es urgente que salgan de la fortaleza de Goliad. Los mexicanos tienen posesión de El Álamo. Es necesario que formemos un sólo grupo militar. Es urgente que ustedes vengan rápido a huir con nosotros. Mis tropas huyen al norte.

[2]se juntan - they join

La independencia de Tejas o la muerte,

Sam Houston

Comandante Supremo
de las tropas en Tejas

Houston miró firmemente a Seguín y sin decir nada, le dio la nota. Era una misión importante para Seguín. Mientras Seguín avanzaba hacia Goliad, él pensaba en la nota que le dio a María en San Antonio. María le tenía que dar la nota al Coronel Almonte.

Capítulo 11
Misión cumplida[1]

El 13 de marzo de 1836
Goliad, Tejas

Nerviosamente Seguín entró en la fortaleza de Goliad y le dio la nota a Fannin, el comandante. Fannin no le dijo nada por muchos segundos. Por fin, Seguín le dijo:

> – Comandante, es urgente que salgan de la fortaleza.

[1]cumplida - completed, accomplished

– No es prudente mover mis tropas –replicó Fannin.

– Houston insiste –respondió Seguín.

– No, no voy a mover mis tropas.

Seguín estaba nervioso. Pensaba en la conversación con Houston. Sabía que su futuro con los voluntarios norteamericanos dependía mucho de la decisión de Fannin. Por eso, Seguín continuó:

– ¿Qué quiere? ¿Una repetición de la masacre de El Álamo? Los soldados mexicanos están en San Antonio. Van a avanzar hacia Goliad –le presionó Seguín.

– La fortaleza es nuestra protección. Tenemos que defender la fortaleza –replicó Fannin.

– Es urgente que huyan. Huir…es su protección.

– Está bien. Vamos a huir mañana.

Seguín estaba intensamente feliz. Houston y sus voluntarios iban a confiar en él, porque Fannin iba a salir de la fortaleza.

19 de marzo de 1836
Goliad, Tejas

Era un día bonito y las tropas norteamericanas estaban contentas. Por la mañana, ellos salieron de la fortaleza. Seguín estaba feliz también, pero estaba impaciente con el avance de las tropas. Las tropas avanzaban lentamente. Después de una hora, Seguín decidió ir solo al campamento de Houston. Le dijo a Fannin:

– Es necesario que yo alerte a Houston de que ustedes van a llegar al campamento.

– Buena idea. Informa a Houston que vamos a llegar en unos días –le afirmó Fannin y le dio la mano a Seguín.

– Voy al campamento de Houston. Mi misión aquí está cumplida –respondió Seguín muy contento.

Con rapidez, Seguín se separó de las tropas de Fannin y se fue hacia el campamento de Houston. En menos de diez minutos, el pánico se extendió entre los norteamericanos. Fannin no podía creer sus ojos. ¡Pum! Detrás de ellos, en la distancia,

¡había muchos soldados mexicanos! Las tropas de Fannin estaban atrapadas.

Inmediatamente, Fannin y sus hombres pensaron que Seguín era responsable de la llegada de los soldados mexicanos. Sospecharon que Seguín había alertado a los soldados mexicanos, porque curiosamente, Seguín no estaba presente cuando los soldados mexicanos llegaron.

Después de un día de combate, los norteamericanos dejaron[2] de combatir. Pusieron sus rifles y cañones a los pies de los mexicanos. Eran prisioneros. Los mexicanos tomaron a los norteamericanos como prisioneros y marcharon a la fortaleza con ellos. Los mexicanos celebraron la victoria. Los prisioneros norteamericanos tenían la impresión de que iban a poder regresar a casa en unos días.

[2]dejaron - they stopped or quit (fighting)

Capítulo 12

No tomen prisioneros

El 23 de marzo de 1836
San Antonio
La casa de Santa Anna

   – Eres preciosa…muy bonita. Eres una mujer fantástica –le dijo románticamente Santa Anna a Melchora, su nueva esposa.

   – Gracias –respondió Melchora sin mucha emoción.

Santa Anna estaba prestando mucha atención a su esposa. No pensaba mover inmediatamente las tropas, porque le gustaba mucho conversar con su esposa. De repente, Almonte tocó a la puerta e interrumpió el momento romántico. Santa Anna salió del cuarto. Almonte le informó:

> – Los norteamericanos están huyendo. Tenemos que responder inmediatamente.

> – Está bien. Dividamos las tropas en cuatro grupos.

> – Su Excelencia, no es prudente. Es una táctica horrible. Un grupo grande es más efectivo.

> – Cuatro grupos, Coronel Almonte. Cuatro grupos.

> – Está bien. Cuatro grupos.

En ese momento, llegó un soldado mexicano a la casa. Tenía una nota para Santa Anna. En silencio, Santa Anna miró la nota. De repente, se puso furioso. Pegó violentamente en la mesa y gritó:

> – ¡Idiotas! ¡Nuestras tropas capturaron a 350 prisioneros norteamericanos en

Goliad!

– No comprendo. Tener prisioneros es bueno. ¿Por qué está usted furioso? –respondió Almonte confundido.

– ¡No quiero tomar prisioneros! ¡Quiero que los maten!

– Su Excelencia, usted tiene que respetar el honor del soldado: no matar a los prisioneros.

– ¿Honor? Los rebeldes no son soldados. Ellos son ilegales. Son piratas. Y los piratas no reciben honor.

Furiosamente, Santa Anna escribió una nota al comandante mexicano en Goliad: "Comandante, maten a todos los prisioneros inmediatamente." Almonte no estaba de acuerdo con la decisión de Santa Anna. No le gustó la nota. Almonte pensaba que Santa Anna no consideraba las consecuencias cuando tomaba decisiones. Insistió:

– Su Excelencia, no es prudente matar a los prisioneros. La imagen mexicana tiene que ser positiva.

– ¿Imagen? La victoria es la buena imagen.

– Una victoria brutal no es la buena imagen. Es muy importante tener buena imagen, porque la nación norteamericana
está observando este conflicto.

– No me importan las opiniones de los
norteamericanos. Los rebeldes en Goliad
tienen que morir.

Después de unos días, la nota de Santa Anna
llegó al comandante mexicano en Goliad. El
comandante no estaba de acuerdo con las instrucciones de Santa Anna. No quería matar a los prisioneros. Quería respetar el honor del soldado.

El 27 de marzo de 1836
Frente a la fortaleza en Goliad

Por la mañana los soldados mexicanos marcharon con los prisioneros norteamericanos.
Salieron con los prisioneros de la fortaleza. Los
prisioneros pensaban que iban a ir a casa. No tenían rifles para defenderse. Estaban muy contentos
porque pensaban que iban a ir a casa. Caminaron
diez minutos cuando, de repente, los soldados

mexicanos prepararon sus rifles. Ellos les dispararon con sus rifles a los prisioneros.

En el pánico, los prisioneros corrieron mientras los mexicanos disparaban rápidamente sus rifles. ¡Pum! ¡Pum! ¡Pum! Muchos prisioneros murieron, pero ocho prisioneros escaparon y corrieron de los soldados. Los mexicanos vieron que ellos estaban escapando y corrieron detrás de ellos. ¡Pum! ¡Pum! Mataron a dos prisioneros más. Seis prisioneros escaparon de los soldados, mientras 340 prisioneros murieron en la masacre.

El 14 de abril de 1836
El campamento de Santa Anna

Santa Anna y sus soldados estaban exhaustos. Los voluntarios de Houston habían estado huyendo durante muchos días. Huyeron durante todo el mes de marzo. También huyeron durante 14 días del mes de abril. Santa Anna estaba furioso porque no podía combatir con Houston y sus voluntarios. Gritó:

– ¡Almonte! ¿Qué información tenemos de

las tropas norteamericanas?

– Tenemos muy buena información.

Marcharon al norte. Están al norte de San Jacinto.

– ¡Son idiotas! Los piratas norteamericanos huyen. ¿Cuándo van a combatir con mis tropas superiores?

Santa Anna tenía mucha confianza en sus tácticas. Pensaba que Houston estaba huyendo porque sus hombres eran inferiores. Quería una victoria rápida. Quería regresar a la capital como un héroe. Entonces, tomó una decisión. Era una decisión horrible. La decisión iba a destruir el territorio mexicano. Le dijo a Almonte:

– Voy a dividir las tropas. Voy a marchar con un grupo pequeño hacia San Jacinto.

– ¿Por qué vamos a dividir las tropas?

– Un grupo más pequeño puede avanzar rápido. Yo quiero capturar a Houston. ¡Ahora!

Otra vez, Almonte no estaba de acuerdo con Santa Anna. Pensaba que no era prudente dividir las tropas. Santa Anna no estaba pensando bien en las consecuencias. Almonte insistió:

> – No es prudente dividir más las tropas. Ya tenemos cuatro grupos: en el norte, sur y dos en el centro.

> – ¡Dividimos las tropas! –respondió severamente Santa Anna.

> – Está bien –dijo Almonte en desesperación.

> – Aquí hay una nota para el comandante del grupo en el sur. Tiene que saber mis movimientos.

Capítulo 13

Error

El 15 de abril de 1836
Entre San Antonio y San Jacinto, Tejas

Con su misión en Goliad cumplida, Seguín regresó al campamento de Houston. Cuando avanzaba hacia el campamento norteamericano, vio a un soldado mexicano. El soldado no lo observó a Seguín. Seguín lo observó durante algunos minutos y decidió capturarlo. Seguín lo tiró al suelo. Entonces, le pegó con su rifle. Seguín cap-

turó al soldado y tomó posesión de sus dos pisto-
las. También vio que el soldado tenía una nota ofi-
cial. Era una nota de Santa Anna. La nota revelaba
los planes de Santa Anna. Seguín tomó la nota y se
fue hacia el campamento norteamericano.

Cuando Seguín llegó al campamento norteamericano, todos los voluntarios estaban curiosos de su
presencia. Houston caminó hacia él y le dio la
mano.

– ¿Cómo respondió el comandante Fannin?
–le preguntó Houston.

– En ese momento, las tropas de Goliad
están avanzando hacia aquí –le confirmó
Seguín.

Houston estaba contento al saber la información. Cuando Houston estaba conversando con
Seguín, llegó un norteamericano. El hombre les
informó que había una masacre en Goliad. Había
mucho pánico entre los voluntarios. También los
voluntarios estaban furiosos con Seguín. Ellos sospechaban de Seguín. Un voluntario gritó:

– ¡Seguín es el responsable de la masacre!
¡Traidor!

– Yo no soy responsable –replicó Seguín.

– ¡Seguín informa a Santa Anna de nuestros movimientos! –gritó otro voluntario.

– Es posible. Pero el problema más serio es que todos los soldados de Goliad están muertos –dijo Houston.

– ¡No vamos a permitir esa brutalidad mexicana! –exclamó el voluntario.

Houston no estaba de acuerdo con los voluntarios. Ellos no consideraban que Santa Anna tenía tropas profesionales. No pensaban con calma. Ellos estaban furiosos porque tenían que huir durante muchos días. Querían combatir inmediatamente. Houston quería calmar a los voluntarios.

– Contrólate –le replicó Houston al voluntario.

– ¡Los mexicanos son brutos! Mataron a hombres inocentes. ¿Ustedes no recuerdan los eventos de El Álamo? ¿Recuerdan El Álamo? Tenemos que responder a la masacre –respondió el voluntario.

– ¡Cálmate! Tenemos que controlarnos –dijo Houston.

– ¡Tenemos que combatir! ¡Ahora! Es
absurdo huir –replicó el voluntario.

– ¡Cálmate! –repitió Houston sin mucho
efecto.

Todos los voluntarios estaban furiosos.
Estaban cansados de huir. Ya no tenían mucha
confianza en Houston como comandante.
Houston ya no tenía control de sus voluntarios. Era
hora de actuar. Houston les dijo a los voluntarios:

– No quiero que ustedes combatan contra
soldados superiores. Los mexicanos tienen muchos más soldados que nosotros.

– No es cierto. Santa Anna dividió sus tropas –interrumpió Seguín.

– ¿Tú? ¿Precisamente tú tienes información
de las tropas de Santa Anna? –respondió
Houston, sospechando de Seguín.

– No soy informante de Santa Anna. Tienes
que confiar en mí.

Houston quería confiar en Seguín pero sospechaba de él. Sospechaba que Seguín era informante de los soldados mexicanos. Houston preguntó:

– ¿Por qué?

– Tengo una nota de Santa Anna –replicó Seguín.

– ¿Cómo es posible que tú tengas una nota de Santa Anna? ¿Cómo?

– Yo le intercepté la nota a un soldado mexicano –respondió Seguín ofendido.

Entonces, Seguín tomó la nota de su chaqueta y se la dio a Houston. Era verdad. La nota era de Santa Anna. En la nota había información muy buena de las tropas mexicanas. Santa Anna había cometido un error. Había dividido las tropas y ellos iban hacia San Jacinto. Houston sabía que era la oportunidad perfecta para combatir con las tropas mexicanas.

Por fin, los voluntarios marcharon para luchar contra los soldados mexicanos. Ellos llegaron a San Jacinto. Llegaron para combatir. No llegaron para huir. Por fin, ellos no estaban huyendo de los soldados mexicanos.

Capítulo 14
Siesta

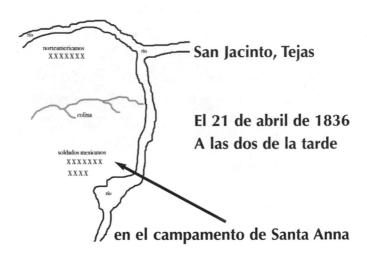

San Jacinto, Tejas

El 21 de abril de 1836
A las dos de la tarde

en el campamento de Santa Anna

Alrededor[1] de San Jacinto había lagos y ríos[2].
Había un río al norte, otro al este y un lago al sur.
Los voluntarios norteamericanos estaban al norte.
Desde su campamento, los norteamericanos no

[1]alrededor - around
[2]lagos y ríos - lakes and rivers

veían las tropas mexicanas. Las tropas mexicanas estaban al sur. Los mexicanos, desde su campamento, no veían a los norteamericanos.

Los soldados mexicanos estaban muy cansados. No estaban en condiciones de atacar a los norteamericanos. Santa Anna también estaba cansado. Almonte dijo:

> – Tenemos información de los norteamericanos. Ellos están atrapados frente a nuestras tropas.
>
> – Por fin, los norteamericanos no están huyendo. ¡Por fin!
>
> – Sí. Ellos no están huyendo.
>
> – Excelente. ¿Qué hora es?
>
> – Son las dos –respondió Almonte.

Santa Anna estaba muy cansado. No quería pensar en una batalla. Entonces, tomó una decisión. Le dijo a Almonte:

> – Es una hora excelente para tomar una siesta.
>
> – ¿No vamos a planear la batalla? –preguntó Almonte.
>
> – No, no vamos a planear nada. Mi siesta

es más importante.

Entonces, Santa Anna no planeó la batalla. No conversó más con Almonte sobre la estrategia militar. Sólo tomó una siesta. Tomó una siesta fatal.

A las tres y treinta de la tarde
El campamento de Houston

– ¡Toman una siesta! ¡Los mexicanos
  toman una siesta! –exclamó un voluntario que regresaba del campamento mexicano.
– ¡Prepárense para luchar! Es el momento
  perfecto para combatir –les gritó
  Houston a los voluntarios.
Todos los voluntarios se pusieron en posición para luchar contra los soldados mexicanos.

Houston estaba motivando a los voluntarios. Les dijo:

– ¡Recuerden El Álamo! ¡Recuerden la brutalidad mexicana!

En ese momento llegó Seguín y se puso en posición para luchar contra los soldados mexicanos también. Los norteamericanos miraron severamente a Seguín. No querían luchar junto a un mexicano. Seguín tomó el control de la situación. Les dijo:

– Es mi batalla. Yo luché en El Álamo.

– ¡Pero eres mexicano! –gritó un voluntario.

– Soy rebelde. Soy rebelde de Tejas. Soy rebelde de El Álamo –respondió firmemente Seguín.

– ¡Vivan los rebeldes! ¡Vivan los rebeldes de Tejas! ¡Recuerden El Álamo! –exclamó Houston.

Todos los voluntarios se pusieron contentos y violentos. Ellos estaban muy preparados para luchar apasionadamente contra los soldados mexicanos. Querían matar a todos los soldados mexicanos. Todos gritaron:

> – ¡Recuerden El Álamo! ¡Recuerden la
>   masacre en Goliad!

Avanzaron silenciosamente hacia el campamento mexicano. ¡Crac! ¡Crac! Seguín pegó con el rifle a dos soldados mexicanos en la cabeza. Les pegó durante la siesta.

¡Pum! ¡Pum! Los norteamericanos dispararon los cañones. Las bolas de los cañones explotaron en el campamento. Había mucho pánico entre los mexicanos. Querían huir de los norteamericanos, pero no era posible. Estaban atrapados. Muchos corrieron hacia el lago para escapar. Los norteamericanos no les tenían compasión. Mataban a los mexicanos cuando ellos se escapaban hacia el agua.

Santa Anna notó que había un combate. No quería morir. No quería combatir con los norteamericanos. No se puso su uniforme de general. Se puso el uniforme sencillo[3] de un soldado y se escapó del campamento mexicano. Se escapó fácilmente porque su uniforme no llamó la aten-

---

[3]sencillo - simple, plain

ción de los norteamericanos.

Los norteamericanos tomaron posesión rápidamente del campamento mexicano. En veinte minutos terminó la batalla. Terminó rápidamente porque los mexicanos no estaban preparados para el combate. La batalla terminó pero los norteamericanos querían examinar todo el campamento. Seguín fue con los norteamericanos. Ellos fueron a otra parte del campamento mexicano. Vieron a un grupo de soldados que estaba escapando. Seguín y el grupo atraparon a los soldados mexicanos y les gritaron:

– ¡Rifles al suelo!

Los soldados pusieron sus rifles en el suelo y levantaron las manos. No querían morir. Querían ser prisioneros. Seguín miró muy bien a un soldado en particular. De repente, Seguín exclamó:

– ¡Coronel Juan Almonte!

– Juan Seguín. ¿Usted está vivo? Su esposa
piensa que está muerto.

Seguín caminó con Almonte para presentárselo a Houston. Cuando caminaban, Seguín le preguntó a Almonte:

– ¿Usted recibió mi nota? ¿La nota de mi esposa?

– Sí. Su familia está bien.

– Gracias. Gracias por ayudarle a mi familia –respondió Seguín.

Capítulo 15

Pacto con un prisionero

**El 21 de abril de 1836
El campamento de Houston**

Por fin, Seguín y Almonte llegaron al campamento norteamericano para hablar con Houston. Inmediatamente Houston le preguntó:

– ¿Dónde está el General Santa Anna?

– No sé. No sé dónde está.

– No le creo. Usted tiene que saber dónde está.

– El General Santa Anna estaba tomando

una siesta cuando ustedes entraron en
nuestro campamento –respondió
Almonte.

De repente, muchos hombres gritaron. Un
grupo de norteamericanos avanzaba hacia
Houston con un sólo prisionero mexicano. El prisionero llevaba un uniforme de soldado. Llevaba
un uniforme de soldado común. No llevaba uniforme de general.

Los norteamericanos gritaron furiosamente:

– ¡Vamos a matarlo! ¡Vamos a matarlo
ahora!

– ¿Qué pasa? ¿Por qué gritan? –respondió
Houston.

– Capturamos al General Santa Anna.
Queremos matarlo inmediatamente por-
que él mató a los prisioneros en El
Álamo y en Goliad.

Un norteamericano presentó al prisionero
ante Houston. Era Santa Anna con un uniforme de
soldado.

– No soy un prisionero común. Yo soy el
Presidente de México y el comandante

supremo de las tropas mexicanas –exclamó Santa Anna.

– ¿Presidente y comandante? –respondió
sarcásticamente Houston–. Un buen
comandante no lleva un uniforme de soldado.

– Es mi uniforme para tomar la siesta –dijo
Santa Anna.

– ¡Qué ridículo! Entonces, ¿por qué huyó
usted, el comandante de la batalla?

Santa Anna no le respondió a Houston. Se
puso nervioso, porque los norteamericanos querían matarlo inmediatamente. Y los norteamericanos estaban furiosos por los muertos en El Álamo
y en Goliad. Santa Anna sólo quería salvar su vida.
No pensaba en defender el territorio de Tejas. Le
dijo nerviosamente a Houston:

– Quiero ofrecerle un pacto.

– ¿Quién quiere ofrecer un pacto? ¿El
comandante, el Presidente o el soldado
con el uniforme ridículo? –le preguntó
sarcásticamente Houston a Santa Anna.

– El Presidente. Yo soy el Presidente de

93

México y ustedes tienen que respetarme.
Tejas es territorio mexicano y yo soy el
Presidente de ese territorio –respondió
furiosamente Santa Anna.

– ¿Presidente? Usted no es el Presidente.
Usted es un prisionero.

Santa Anna vio que Houston no comprendía
que él era el Presidente. Sabía que era difícil nego-
ciar con piratas y rebeldes. Entonces, le repitió a
Houston:

– Quiero ofrecerle un pacto. Todo Tejas
por mi libertad personal –dijo firmemente Santa Anna.

– Su Excelencia, no es prudente. Es mucho
territorio –interrumpió Almonte.

– Acepto el pacto –respondió rápidamente
Houston.

El pacto rápido salvó la vida de Santa Anna y
los rebeldes recibieron Tejas. Santa Anna prefirió
su vida a Tejas y el territorio de Tejas pasó a manos
de los rebeldes. Recibieron Tejas gracias al sacrificio de los hombres en El Álamo y Goliad. Y gracias a Seguín, el rebelde de Tejas.

Glosario

Capítulo 1

ayudan - they help
caminaba - s/he, I walked; s/he, I was walking
como (cómo) - how
cuarto - room
dijo - s/he said
era - s/he, it was
estaba - s/he, it was
estado - state
frente a - in front of
gritó - s/he yelled
gustaba - it was pleasing to (liked)
hacia - toward
le - him, her
levantó - s/he lifted, picked up
miraba - s/he, I looked at; s/he, I was looking at
miró - s/he looked at
norteamericanos - North American(s)
porque - because
por qué - why
preguntó - s/he asked
pueblo - town
puerta - door
qué - what
quería - s/he, I wanted
quería ver - s/he, I wanted to see
respondió - s/he responded
sé - I know (a fact)

segundos - seconds
son - they, you all are
tenía - s/he, I had
tocó - s/he touched, knocked
todo(s) - everyone (all)
tomó - s/he took
traidores - traitors
tropas - troops
va - s/he goes, s/he is going
vamos - we go, let's go
voy - I go, I am going

Capítulo 2

aburrido - boring
casa - house
confía - s/he trusts
confianza - confidence
corren - they run, you all run
cuando (cuándo) - when
cuchillo - knife
decía - s/he, I said, s/he, I was saying
dio - s/he gave
entonces - then
eran - they, you all were
fiesta - party
fue - it was, s/he went
había - there was, there were
hombre - man
hoy - today
mes - month

mientras - while
pensaba - s/he, I thought; s/he, I was thinking
primero(a) - first
quiénes (quién) - who
regresaron - they, you all returned
saber - to know (a fact)
sabía - s/he, I knew (a fact)
sacaba - s/he, I took out; s/he, I was taking out
sobre - about
soldados - soldiers
somos - we are
vio - s/he saw

Capítulo 3

abrazó - s/he hugged
avanzaba - s/he, I advanced; s/he, I was advancing
bailaban - they, you all danced; they, you all were dancing
de repente - suddenly
eres - you are
estaba llorando - s/he, I cried; s/he, I was crying
gente - people
hijo - son
llamó la atención - s/he attracted attention
llegó - s/he arrived
pegar - to hit
prestó atención - s/he paid attention
sospechaba - s/he, I suspected; s/he, I was suspecting
soy - I am
viva - long live

Capítulo 4

está bien - s/he, it is well, fine
estoy de acuerdo - I agree
muerto - dead
murieron - they died
nieve - snow
usted - you (formal)

Capítulo 5

cara - face
corrió - s/he ran
cumpleaños - birthday
dar - to give
después - after
Estados Unidos - United States
huir - to flee, escape
iban - they, you all went; they, you all were going
pasó - s/he passed, it happened
piensa - s/he thinks
podía - s/he, I was able
replicó - s/he replied
se puso - s/he became, put himself, put on

Capítulo 6

bola - ball
cansados - tired
cierto - true, certain

creer - to believe
disparó - s/he shot
donde (dónde) - where
iglesia - church
joven - young
se pusieron - they became, put themselves
subieron - they climbed, went up

Capítulo 7

besó - s/he kissed
buscar - to search for
caminar - to walk
casarse - to get married
enfermo - sick
esposa - wife
matar - to kill
ser - to be
tiene razón - s/he, you (formal) are right
todavía - still, yet
ya - already

Capítulo 8

besar - to kiss
feliz - happy
prudente - prudent, sensible, cautious
salió - s/he left
sin - without

Capítulo 9

batalla - battle
corrieron - they, you all ran
luchaban - they, you all fought; they, you all were fighting
morir - to die
niña - girl
pegó - s/he hit (past tense)
vieron - they, you all saw

Capítulo 10

confían - they, you all trust
vayas - you go
vengan - they come

Capítulo 11

salieron - they, you all left

Capítulo 14

ante - before

Capítulo 15

llevaba - s/he, I wore; s/he, I was wearing
ofrecer - to offer

More compelling reads from...

Brandon Brown Series

Brandon Brown dice la verdad
Present Tense - 75 unique words

Rather than get caught in the act of disobeying his mother, Brandon decides to lie about his dishonest actions. He quickly discovers that not telling the truth can create big problems and a lot of stress! Will he win in the end, or will he decide that honesty is the best policy? (Also available in French)

Brandon Brown quiere un perro
Present Tense - 103 unique words

Brandon Brown really wants a dog, but his mother is not quite so sure. A dog is a big responsibility for any age, much less a soon-to-be 9-year-old. Determined to get a dog, Brandon will do almost anything to get one, but will he do everything it takes to keep one…a secret? (Also available in French, Italian, Latin, Chinese & German)

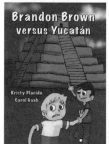

Brandon Brown versus Yucatán
Past & Present Tense - 140 unique words
(Two versions under one cover!)

It takes Brandon Brown less than a day to find trouble while on vacation with his family in Cancun, Mexico. He quickly learns that in Mexico, bad decisions and careless mischief can bring much more than a 12-year-old boy can handle alone. Will he and his new friend, Justin, outwit their parents, or will their mischievous antics eventually catch up with them? (Also available in French)

El nuevo Houdini

Past & Present Tense - 200 unique words
(Two versions under one cover!)

Brandon Brown is dying to drive his father's 1956 T-bird while his parents are on vacation. Will he fool his parents and drive the car without them knowing, and win the girl of his dreams in the process? (Also available in French & Russian)

Level 1 Novels

Frida Kahlo

Past Tense - 160 unique words

Frida Kahlo (1907-1954) is one of Mexico's greatest artists, a remarkable achievement for someone who spent most of her relatively short life wracked with pain. Frida expressed her pain through her art, producing some 143 paintings, 55 of which were self-portraits. To this day, she remains an icon of strength, courage and audacity. This brief biography provides a glimpse into her turbulent life and her symbolic art.

Bianca Nieves y los 7 toritos

Past Tense - 150 unique words

Bullfighting is a dangerous sport, and there is nothing more menacing than facing a raging bull in the middle of the ring. All eyes are on the great torero, 'El Julí,' as he faces off against the most ferocious bull in the land, but nobody, aside from his daughter, Bianca, seems to notice that his greatest threat walks on two legs, not four. In her attempt to warn and save her father, Bianca soon realizes that fighting an angry bull is much safer than battling greed and deception.

El Ekeko: Un misterio boliviano
Present Tense - 190 unique words

Paco is disappointed when his mother suggests that he replace his worn out shoes with his grandfather's old boots. He reluctantly goes to the closet and gradually realizes that the closet holds much more than his grandfather's old boots and a box of letters. Hidden among his grandfather's possessions is a gift that has potential to bring some startling surprises and unexpected consequences.

Felipe Alou: *Desde los valles a las montañas*
Past Tense - 150 unique words

This is the true story of one of Major League Baseball's greatest players and managers, Felipe Rojas Alou. When Felipe left the Dominican Republic in 1955 to play professional baseball in the United States, he had no idea that making it to the 'Big League' would require much more than atheticism and talent. He soon discovers that language barriers, discrimination and a host of other obstacles would prove to be the most menacing threats to his success. (Also available in English & French; unique word count approximately 300.)

Esperanza
Present Tense, 1st person - 200 unique words

This is the true story of a family caught in the middle of political corruption during Guatemala's 36 year civil war. Tired of watching city workers endure countless human rights violations, Alberto organizes a union. When he and his co-workers go on strike, Alberto's family is added to the government's "extermination" list. The violent situation leaves Alberto separated from his family and forces them all to flee for their lives. Will their will to survive be enough to help them escape and reunite?

Level 1 Novels (cont.'d)

Piratas del Caribe y el mapa secreto
Present Tense - 180 unique words

The tumultuous, pirate-infested seas of the 1600's serve as the historical backdrop for this fictitious story of adventure, suspense and deception. Rumors of a secret map abound in the Caribbean, and Henry Morgan *(François Granmont, French version)* will stop at nothing to find it. The search for the map is ruthless and unpredictable for anyone who dares to challenge the pirates of the Caribbean. (Also available in French)

Los Piratas del Caribe y el Triángulo de las Bermudas
Past Tense - 280 unique words

When Tito and his father set sail from Florida to Maryland, they have no idea that their decision to pass through the Bermuda Triangle could completely change the course of their voyage, not to mention the course of their entire lives! They soon become entangled in a sinister plan to control the world and subsequently become the target of Henry Morgan and his band of pirates.

Noches misteriosas en Granada
Present Tense - Fewer than 300 unique words

Kevin used to have the perfect life. Now, dumped by his girlfriend, he leaves for a summer in Spain, and his life seems anything but perfect. Living with an eccentric host-family, trying to get the attention of a girl with whom he has no chance, and dealing with a guy who has a dark side and who seems to be out to get him, Kevin escapes into a book and enters a world of long-ago adventures. As the boundaries between his two worlds begin to blur, he discovers that nothing is as it appears...especially at night! (Also available in French)

Robo en la noche *(Prequel to Noche de Oro)*
Past & Present Tense - 380 unique words

Fifteen-year-old Makenna Parker had reservations about her father's new job in Costa Rica, but little did she know that missing her home and her friends would be the least of her worries. She finds herself in the middle of an illegal bird-trading scheme, and it's a race against time for her father to save her and the treasured macaws. (Present tense version available in French)

Noche de oro

Past Tense - 290 unique words

Now a college student, Makenna Parker returns to Costa Rica for a new ecological adventure. As a volunteer at a wildlife preserve in Guanacaste, she finds unexpected romance that lands her right in the middle of a perilous scheme. Does her new boyfriend really have good intentions, and what are he and his stepfather really up to? Will Makenna discover the truth before it's too late?'

Level 2 Novels

Rebeldes de Tejas
Past Tense - Fewer than 300 unique words

When Mexican dictator, Santa Anna, discovers that thousands of U.S. citizens have spilled into the Mexican state of Texas and seized the Alamo, he is determined to expel or kill all of them. What will happen when Mexican Juan Seguín finds himself fighting for Texas and against his country's dictator?

Level 2 Novels (cont.'d)

La Llorona de Mazatlán
Past Tense - Fewer than 300 unique words

Laney Morales' dream of playing soccer in Mazatlan, Mexico soon turns into a nightmare, as she discovers that the spine-chilling legends of old may actually be modern mysteries. Friendless and frightened, Laney must endure the eerie cries in the night alone. Why does no one else seem to hear or see the weeping woman in the long white dress? Laney must stop the dreadful visits, even if it means confessing her poor choices and coming face to face with…La Llorona.

Los Baker van a Perú
Past & Present Tense
Fewer than 400 unique words
(Two versions under one cover!)

Are the Baker family's unfortunate mishaps brought on by bad luck or by the curse of the shrunken head? Join the Bakers as they travel through Peru and experience a host of cultural (mis)adventures that are full of fun, excitement and suspense!

La maldición de la cabeza reducida
Past Tense - Fewer than 400 unique words

Hailey and Jason think they have rid themselves of the cursed shrunken head now that they are back home from their family trip to Peru. Their relief quickly gives way to shock, as they realize that their ordeal has only just begun. Returning the head and appeasing the Jívaro tribe become a matter of life and death! Will Hailey and Jason beat the odds?

Problemas en Paraíso
Past Tense - 300 unique words

Victoria Andalucci and her 16-year-old son are enjoying a fun-filled vacation at Club Paradise in Mexico. A typical teenager, Tyler spends his days on the beach with the other teens from Club Chévere, while his mother attends a conference and explores Mexico. Her quest for adventure is definitely quenched, as she ventures out of the resort and finds herself alone and in a perilous fight for her life! Will she survive the treacherous predicament long enough for someone to save her? (Also available in French)

Level 3 Novels

Vida y muerte en La Mara Salvatrucha
Past tense - Fewer than 400 unique words

This compelling drama recounts life (and death) in one of the most violent and well-known gangs in Los Angeles, La Mara Salvatrucha 13. Joining MS-13 brings certain gang-related responsibilities, but being *born* into La Salvatrucha requires much more. Sometimes, it even requires your life! This is a gripping story of one gang member's struggle to find freedom.

La Calaca Alegre
Past tense - Fewer than 425 unique words

Does Carlos really suffer from post-traumatic stress disorder, or are his strange sensations and life-like nightmares much more real than anyone, including Carlos, believes? Determined to solve the mystery of his mother's disappearance, Carlos decides to return to Chicago to face his fears and find his mother, even if it means living out his nightmares in real life. As he uncovers the mystery, he discovers the truth is much more complex and evil than he ever imagined.

Level 3 Novels *(cont.'d)*

La hija del sastre
Past tense - Fewer than 500 unique words

Growing up in a Republican family during Franco's fascist rule of Spain, Emilia Matamoros discovers just how important keeping a secret can be! After her father, a former captain in the Republican army, goes into hiding, Emilia not only must work as a seamstress to support her family, she must work to guard a secret that will protect her father and save her family from certain death. Will her innocence be lost and will she succumb to the deceptive and violent tactics of Franco's fascist regime?

La Guerra Sucia
Past tense - Fewer than 600 unique words

American Journalist and single mother, Leslie Corrales travels to Argentina to investigate the suspicious disappearance of 'Raúl,' the son of Magdalena Casasnovas. When Leslie discovers that Raúl, along with 10's of thousands of other suspected dissidents, has suffered horrific atrocities at the hands of the Argentine government, she finds herself in a life-altering series of events. Will she escape with her life and with the information she needs to help the Argentine people?